Ingrid Moras

Freundschaftsbänder knüpfen

CREATIV COMPACT

CHRISTOPHORUS

Inhalt

Freundschaftsboten

Geknüpfte Freundschaftsbänder erfreuen sich großer Beliebtheit unter guten Freunden, denn sie sollen dem anderen sagen: „Ich bin mit dir verbunden." Und die kleinen geknüpften Anhänger sind ein ganz besonderes Geschenk: als Glücksbringer, Trostpflaster oder „Sorgenpüppchen".

Auch die Bänder können mit den Püppchen oder einem Frosch geschmückt werden und bieten dort einen reizvollen Blickfang. Andere mögen lieber geometrische Muster in verschiedenen Farben. Selbst mit Perlen können die Bänder kombiniert werden. Dadurch entstehen ganz leicht Doppelbänder. Bei so viel Auswahl findet sicher jeder sein Lieblingsband.

Viel Spaß beim Knüpfen und Verschenken!

Ingrid Moras

Material & Technik

Material & Hilfsmittel

Alle Bänder sind mit Perlgarn Nr. 5 von Coats GmbH geknüpft. Die angegebenen Farbnummern entsprechen diesem Garn. Auch andere Baumwollgarne in vergleichbarer Stärke eignen sich zum Knüpfen. Die Püppchen mit Holzperlen (8 oder 10 mm Ø) arbeiten. Bitte darauf achten ,dass die Bohrung mindestens 2 bis 2,5 mm Ø aufweist. Gesichter mit Acryl-Glanzlack aufmalen. Schere und Klebeband (z. B. tesa-Malerband) gehören zur Grundausstattung und werden nicht mehr eigens erwähnt.

Der Knüpfbeginn

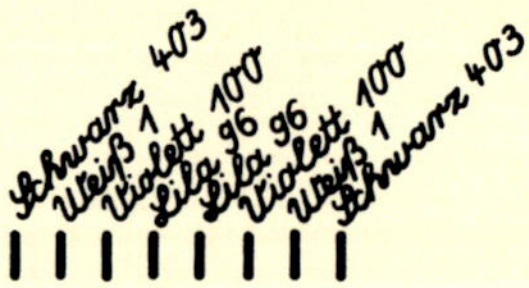

Die senkrechten dicken Striche über dem Knüpfplan zeigen die Anzahl der benötigten Knüpffäden, darüber stehen die Farbangaben in der Reihenfolge, in der die Fäden geordnet werden müssen.

Bei manchen Bändern wird in der Mitte des Fadenbündels mit dem Knüpfen begonnen. Dazu die Fäden mittig mit Klebeband an der Tischkante festkleben; gut andrücken, da die Fäden beim Knüpfen angezogen werden und sich nicht lösen dürfen. Beim Knüpfbeginn am Rand des Fadenbündels die Fäden nach ca. 10 cm bis 15 cm (= Überstand für den Abschluss) fixieren.

Der Abschluss der Bändchen

Nach dem Knüpfen die Fäden zu Kordeln verdrehen: Für jede Kordel die Fäden in zwei Stränge teilen. Jeden Strang getrennt nach rechts eindrehen und dann beide miteinander verdrehen, dabei immer den rechten Strang über den linken legen. Nach etwa 10 cm mit allen Fäden einen Knoten legen und den Überstand nach 1 cm ab schneiden.

Wenn eine Seite eines Bandes in einer Schlaufe enden soll, die Fäden in der Mitte fixieren. Mit einem Faden 10 bis 15-mal hinter einander über alle Fäden eine rechts geknüpfte Schlinge legen.

Rechts geknüpfte Knoten
(Symbol: +)

1 Den rechten Faden F2 (= Ziehfaden) fest nach unten ziehen.

2 Mit dem linken Faden F1 (= Knüpffaden) eine Schlinge nach rechts über den Ziehfaden F2 legen und fest nach oben ziehen.

3 Erneut mit F1 über den Ziehfaden F2 ein Schlinge nach rechts legen und diese zu einem Knoten nach oben ziehen.

4 Der Knoten hat die Farbe des Knüpffadens F1. Die Position der Fäden hat gewechselt: F1 liegt nun rechts.

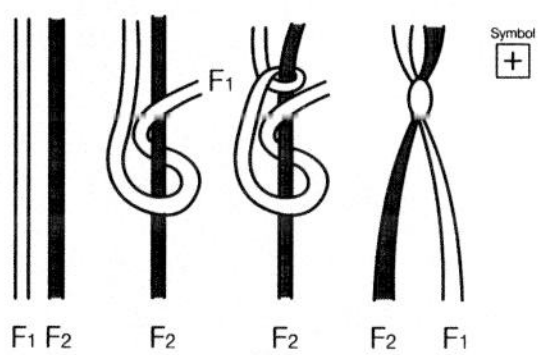

Links geknüpfter Knoten
(Symbol: **I**)

1 Den linken Faden F1 straff nach unten ziehen (= Ziehfaden).

2 Mit dem rechten Faden F2 (= Knüpffaden) eine Schlinge nach links über den Ziehfaden F1 legen und zu einem Knoten fest nach oben ziehen.

3 Erneut mit F2 über den Ziehfaden F1 eine Schlinge nach links legen und zu einem Knoten nach oben ziehen.

4 Der Knoten hat die Farbe des Knüpffadens F2. Die Position der Fäden hat gewechselt: F2 liegt nun links.

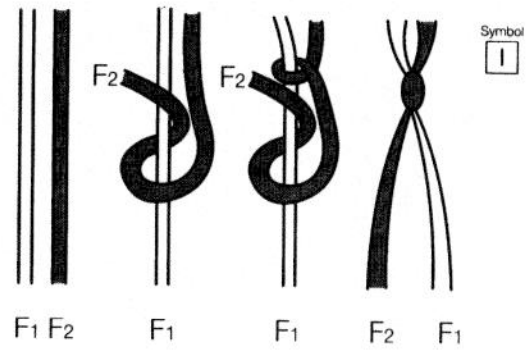

Rechts-links geknüpfter Knoten
(Symbol: •)

1 Den rechten Faden F2 straff nach unten ziehen (= Ziehfaden).

2 Mit dem linken Faden F1 (= Knüpffaden) eine Schlinge nach rechts über den Ziehfaden F2 legen und zu einem Knoten fest nach oben ziehen.

3 Mit dem jetzt rechts liegenden Knüpffaden F1 eine Schlinge nach links über den Ziehfaden F2 legen und diese zu einem Knoten nach oben ziehen.

4 Der Knoten hat die Farbe des Knüpffadens F2. Die Position der Fäden entspricht der Ausgangsstellung.

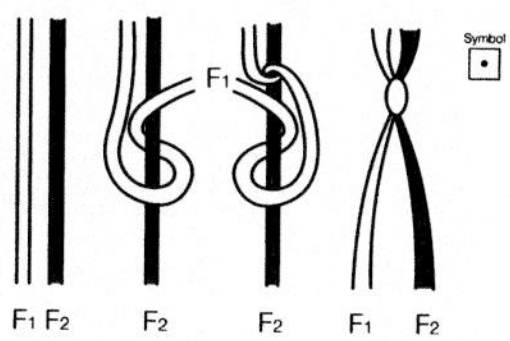

Links-rechts geknüpfter Knoten
(Symbol: ○)

1 Den linken Faden F1 (= Ziehfaden) straff nach unten ziehen.

2 Mit dem rechten Faden F2 (= Knüpffaden) eine Schlinge nach links über den Ziehfaden F1 legen und zu einem Knoten fest nach oben ziehen.

3 Mit dem jetzt links liegenden Knüpffaden F2 eine Schlinge nach rechts über den Ziehfaden F1 legen und diese zu einem Knoten nach oben ziehen.

4 Der Knoten hat die Farbe des Knüpffadens F2. Die Position der Fäden entspricht der Ausgangsstellung.

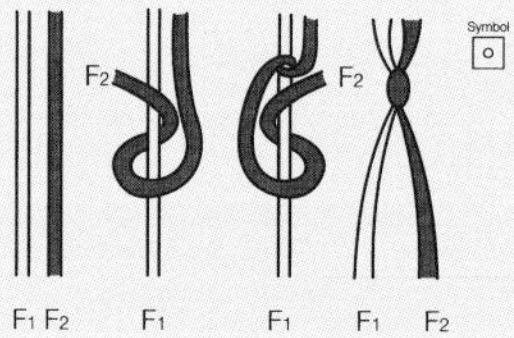

Das Grundmuster

Die Knoten von links nach rechts knüpfen. Es entstehen Reihen, die schräg von links oben nach rechts unten verlaufen. Die Anzahl der Fäden minus eins ergibt immer die Anzahl der Knoten einer vollständig geknüpften Reihe.

Im Knüpfplan steht das Symbol für den ersten Knoten jeder vollständigen Reihe in senkrechter Linie unter dem zweiten Faden (= zweiter dicker Strich). Dieser Knoten wird mit dem ersten und zweiten Faden geknüpft (s. gepunktete Linie). Die Symbole für den zweiten Knoten einer jeden Reihe stehen in senkrechter Linie unter dem dritten Faden und werden jeweils mit dem zweiten und dritten Faden gelegt usw. Eine gerade Zeile im Knüpfplan entspricht einer schräg geknüpften Reihe im Band. Der Pfeil über jeder Zeile des Knüpfplans zeigt die Knüpfrichtung an.

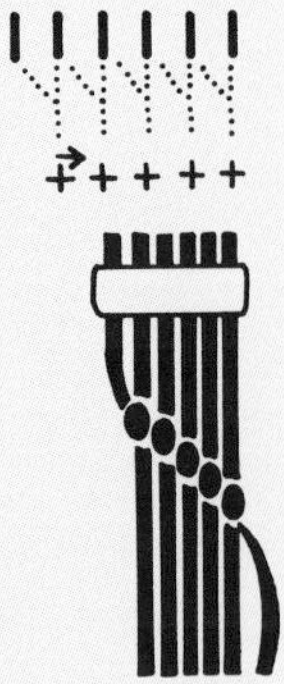

Für einen geraden Anfang des Bandes in der ersten Reihe nur einen Knoten arbeiten, dann die Anzahl der Knoten nach Vorlage steigern.

Um den Überblick nicht zu verlieren, am besten mit einem Farbstift die senkrechten Linien (= Verlängerung der dicken Striche) einzeichnen.

Das Pfeilspitzen-Muster

Die stets gerade Anzahl der Fäden in zwei Hälften teilen, die Knoten jeweils von links nach rechts zur Mitte knüpfen. Zuletzt die beiden mittleren Fäden zur Pfeilspitze verknoten (Symbol: nach unten gerichtete Pfeilspitze unter dem Knotensymbol).

Alle Symbole für die ersten Knoten einer jeden linken Reihe der Pfeilspitze stehen in senkrechter Linie unter dem zweiten Faden von links (= zweiter dicker Strich) und werden mit dem ersten und zweiten Faden gelegt. Alle Symbole für die ersten Knoten auf der rechten Seite der Pfeilspitze stehen unter dem zweiten Faden von rechts und werden mit dem ersten und zweiten Faden von rechts geknüpft. Alle Symbole für die zweiten Knoten stehen unter dem dritten Faden von links oder rechts und werden mit dem zweiten und dritten Faden geknüpft usw.

Die Pfeile über jeder Knüpfzeile verdeutlichen die Knüpfrichtung: Zeigen sie von außen nach innen, immer vom rechten und linken Rand zur Mitte knüpfen. Die Reihen verlaufen jeweils zur Mitte hin schräg abwärts. Sind die Pfeile nach außen gerichtet, immer von der Mitte zum Rand knüpfen; die geknüpften Reihen verlaufen dann zum Rand hin abwärts.

Für einen geraden Anfang des Bandes zunächst nur den Mittelknoten knüpfen, dann eine verkürzte Pfeilspitze mit dem dritten, vierten und fünften Faden von rechts und links und zuletzt die vollständige Pfeilspitze mit allen Fäden.

Besonderheiten im Knüpfplan

Mit dem Bogen verbundene Striche bedeuten: Ein Faden wird z. B. am Körper eines Tieres eingehängt. Die runde Klammer zeigt: Mit den beiden Hälften des Fadens wird ein Knoten gelegt.

Der Kreis mit dem P zeigt an: Hier eine Perle aufschieben. Statt des dritten Knotens eine Perle auf den vierten Faden aufschieben. Anschließend den nächsten Knoten wie üblich mit dem vierten (= Faden der Perle) und fünften Faden knüpfen.

Die geschweifte Klammer bedeutet: Diese Fäden werden zu einem Ziehfaden zusammengefasst. Mit dem ersten Faden von links und rechts (Pfeilspitzen-Muster) jeweils über die drei zusammengefassten Fäden einen Knoten legen.

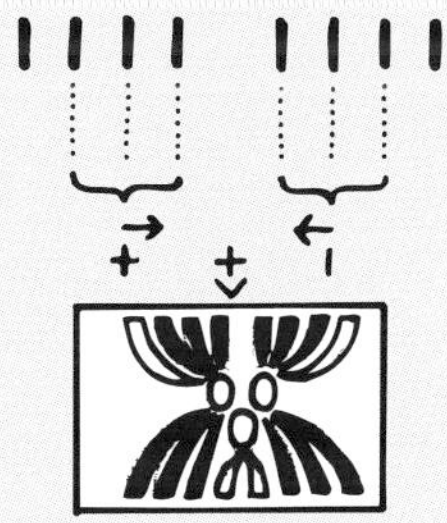

Bunte Bänder

Material

Blaugrünes Band

- Perlgarn Nr. 5 in Schwarz 403, Blau 132, Violett 102, Blaugrün 189, Smaragd 187

Band in Regenbogenfarben

- Perlgarn Nr. 5 in Blau 133, Blaugrün 189, Maigrün 266, Gelb 290, Rot 335

Vorlage A, B

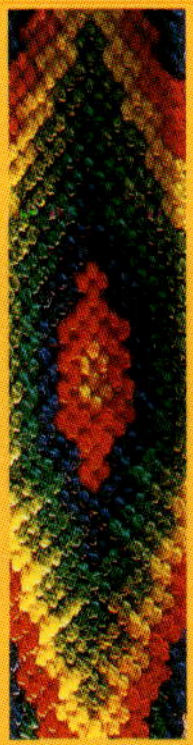

Blaugrünes Band

1 Die 90 cm langen Fäden ordnen und am Rand fixieren. Mit Pfeilspitzen (= jeweils von links und rechts zur Mitte knüpfen) einen geraden Bandanfang arbeiten: Zunächst mit den vier mittleren Fäden eine kleine Pfeilspitze knoten (= 1. Zeile im Knüpfplan), dann mit den mittleren acht, zwölf, sechzehn Fäden immer größere Pfeilspitzen knüpfen, bis mit allen 20 Fäden eine vollständige Pfeilspitze entsteht (= 5. Zeile). Weiterarbeiten nach Vorlage.

2 Am Schluss des Bandes zunächst bei einer Pfeilspitze den Mittelknoten weglassen, dann jede von links und rechts zur Mitte geknüpfte Reihe um je zwei Knoten verringern. Das Band mit je zwei Kordeln abschließen.

Band in Regenbogenfarben

1 Je einen blauen Faden in 1,80 m und 1,60 m Länge sowie je zwei blaugrüne, maigrüne, gelbe und rote Fäden in einer Länge von jeweils 1,60 m in der Mitte fixieren und mit dem längeren blauen Faden hintereinander 14 rechts geknüpfte Knoten über alle Fäden legen. Das umknotete Stück zu einem Bogen biegen und mit Klebeband fixieren. Die Fäden ordnen und wie beim anderen Band ebenfalls einen geraden Anfang knüpfen (s. Knüpfplan).

2 Am Ende einen geraden Abschluss fertigen, indem die Anzahl der von links und rechts zur Mitte geknüpften Knoten zur Mitte hin verringert wird. Mit zwei Kordeln abschließen.

Treppenbänder

Material

Buntes Band

- Perlgarn Nr. 5 in
  Gold 309,
  Schwarz 403,
  Violett 100,
  Ultramarin 133,
  Blau 410,
  Grün 189,
  Hellgrün 278,
  Gelb 290,
  Rot 335

Halb geknüpftes Band

- Perlgarn Nr. 5 in
  Blau 133,
  Gelbgrün 279

Vorlage C

Buntes Band

1 Die sechzehn, 90 cm langen Fäden in der angegebenen Reihenfolge ordnen und ca. 15 cm vom Rand entfernt mit Klebeband fixieren. Einen geraden Bandanfang im Grundmuster, also immer von links nach rechts, knüpfen: Zunächst nur einen Knoten mit den letzten beiden Fäden legen (= 1. Knüpfzeile), dann mit den letzten vier Fäden drei Knoten (= 2. Zeile), mit den letzten sechs Fäden fünf Knoten (= 3. Zeile) usw., bis in der achten Knüpfzeile die erste vollständige Reihe im Grundmuster von links oben nach rechts unten geknüpft wird. Weiterarbeiten nach Plan.

2 Am Ende des Bandes einen geraden Abschluss knüpfen, indem jede Reihe um zwei Knoten am Ende verringert wird. Bei der letzten Reihe nur noch einen Knoten mit den ersten beiden Fäden legen. Das Band auf beiden Seiten mit je zwei Kordeln abschließen.

Halb geknüpftes Band

Auch mit nur zwei Farben sieht das nach demselben Knüpfplan erstellte Band reizvoll aus. Vier blaue und vier gelbgrüne Fäden in einer Länge von 1,80 m in der Mitte fixieren und mit einem blauen Faden 15-mal einen rechtsgeknüpften Knoten um alle Fäden legen. Das umknotete Stück zu einem Bogen formen und mit Klebeband fixieren. Die Fäden so ordnen, dass immer Gelbgrün und Blau abwechseln, und wie das andere Band knüpfen.

Frosch & Leiter

Material

Frosch

- Perlgarn Nr. 5 in Grün 923, Hellgrün 265
- Holzperle in Hellgrün, 8 mm Ø
- 2 Rocailles in Hellgrün, 2,5 mm Ø
- Acryl-Glanzlack in Schwarz, Grün

Blaues Band

- Perlgarn Nr. 5 in Schwarz 403, Dunkelblau 132, Blau 410, Hellblau 433

Rotes Band

- Perlgarn Nr. 5 in Schwarz 403, Rot 47
- Transparent-Nähfaden

Vorlage D, E

Frosch-Anhänger

1 Mit vier grünen und zwei hellgrünen, 60 cm langen Fäden in der Mitte Schlingen bilden, verdrehen und durch die Holzperle schieben. Auf einem 15 cm langen, grünen Faden in der Mitte zwei Rocailles durch zwei Knoten (Abstand: 15 mm) einschließen. Den Faden mit den „Augen" durch die Schlaufen ziehen (s. Vorlage) und die Fadenenden verknoten. Die Schlaufen der Knüpffäden in den Kopf zurückziehen, bis die Augen aufliegen.

2 Den Körper nach der Vorlage (Grundmuster) knüpfen. Mit der Hälfte der Fäden je ein Bein erstellen (unterschiedliche Knüpfpläne!), dabei mehrere Fäden als Ziehfaden zusammenfassen und immer einen grünen Faden auswählen, um die Knoten zu legen. Für den Fuß mit zwei Fäden eine Schlinge legen und festziehen. Überstände abschneiden.

3 Für die Arme je zwei 30 cm lange, grüne Fäden mittig durch den Körperrand ziehen (Abstand: ein Knoten) und nach den getrennten Knüpfplänen fertigen. Für die Finger mit jedem der vier Fäden zwei Schlingen übereinander legen und festziehen. Überstände abschneiden. Das Gesicht aufmalen.

Beide *Bänder* nach dem gleichen Knüpfplan (Grundmuster) erstellen. Die 90 cm langen Fäden etwa 12 cm von einem Ende entfernt ordnen und fixieren. Das Band auf beiden Seiten mit je zwei Kordeln abschließen. Den Frosch mit transparentem Faden auf das Band nähen; die Fäden über den Augenperlen knapp über dem Knoten abschneiden.

Doppelband in Gold

Material

- Perlgarn Nr. 5 in Schwarz 403, Bronze 309, Gold 307, Gelb 305
- 19 Indianerperlen in Schwarz, 5 mm Ø

Zusätzlich

- Nähnadel

Vorlage F

1 Dieses Doppelband besteht aus zwei gleichen, in Pfeilspitzen-Muster geknüpften Bändchen, die an drei Stellen durch Perlen miteinander verbunden sind. Jedes Band aus je zwei Fäden in Schwarz, Bronze und Gelb sowie aus vier Fäden in Gold (Länge: 1,10 m) knüpfen. Die Fäden für jedes Band nach Vorlage ordnen und im Abstand von 7 mm (= Lücke für die Perlenverbindung) in der Mitte fixieren.

2 Mit fünf Knotensträngen beginnen. Auf den mittleren Strang nach drei geknüpften Knoten eine Perle aufziehen, darunter drei weitere Knoten knüpfen. Die Knoten der Stränge so legen, dass sie nach unten und oben eine Pfeilspitze bilden.

3 Durch zwei ganze und eine geknüpfte Spitze ohne mittleren Knoten die Knotenstränge zusammenführen. Anschließend auf die äußeren beiden Fäden eine Perle aufziehen. Den äußersten rechten Faden des linken Bandes durch eine Perle ziehen und den äußersten linken Faden des rechten Bandes mit einer Nähnadel in Gegenrichtung durch die Perle führen. Nach Knüpfplan weiterknüpfen.

4 Das Band um 180 Grad wenden und die Mitte knüpfen. Nach zwei zur Mitte hin geknüpften Reihen den äußersten rechten Faden des linken Bandes durch eine Perle ziehen, den äußersten linken Faden des rechten Bandes in umgekehrter Richtung durchziehen (= zweite Verbindung der Bänder). Nach Plan das Band beenden und mit je einer Kordel abschließen.

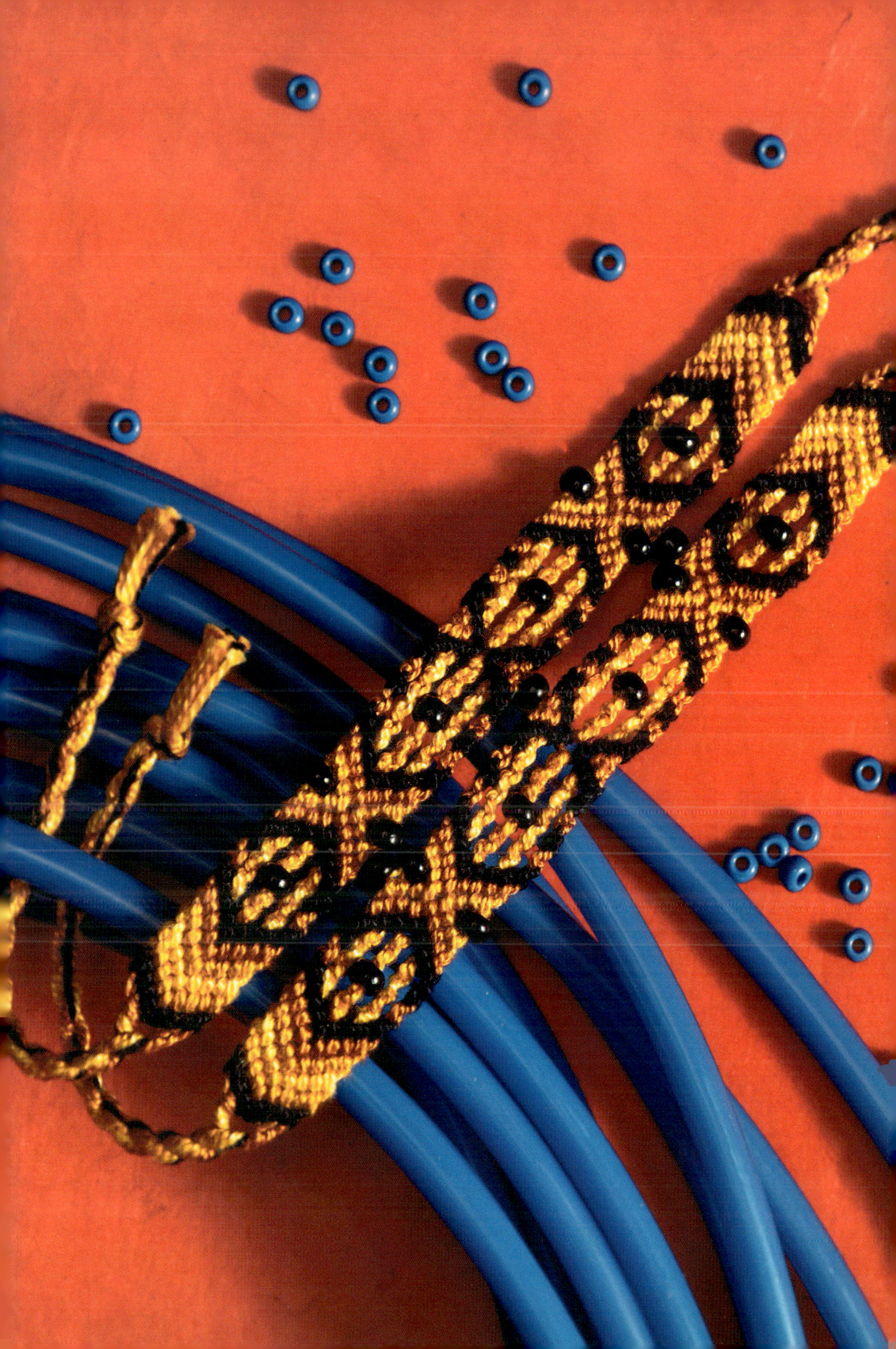

Zackenbänder

Material

Band ohne Rauten

- Perlgarn Nr. 5 in Schwarz 403, Rot 47, Hellrot 335, Grün 229, Hellgrün 226, Dunkelblau 150, Blau 148, Hellblau 146

Band mit Rauten

- Perlgarn Nr. 5 in Tiefdunkelblau 152, Rot 47, Hellrot 335, Grün 229, Hellgrün 149, Blau 133, Hellblau 146, Gold 309

Vorlagen G, H

1 Beide Bänder werden in der gleichen Knüpftechnik, jedoch nach unterschiedlichen Vorlagen gefertigt: Die 80 cm langen Fäden ordnen und am Rand (Überstand: 15 cm) fixieren. Einen geraden Bandanfang mit Pfeilspitzen knüpfen: Zunächst mit den mittleren vier Fäden eine Pfeilspitze knüpfen (= 1. Zeile im Knüpfplan), dann mit den mittleren acht, zwölf und sechzehn Fäden jeweils von links und rechts zur Mitte eine Pfeilspitze erstellen (= 2., 3. und 4. Zeile). Die fünfte Knüpfzeile zweimal nachknüpfen; es entstehen die ersten zwei vollständigen Pfeilspitzen. Weiterarbeiten nach Vorlage.

2 Für einen geraden Abschluss zunächst eine Pfeilspitze ohne Mittelknoten knüpfen. Jede weitere von links und rechts zur Mitte geknüpfte Reihe um zwei Knoten am Schluss verringern, bis nur noch mit den jeweils äußeren beiden Fäden ein Knoten gelegt wird. Die Fäden auf beiden Seiten in drei Fadenbündel teilen und drei Kordeln drehen.

Tipp

Ein aufgelegtes Lineal erleichtert die Orientierung auf dem Knüpfplan.

Von ganzem Herzen

Material

Püppchen

- Perlgarn Nr. 5 in Lila 98, Violett 102, Rot 333

oder:

- Perlgarn Nr. 5 in Orange 304, Gelb 302, Rot 47
- Holzperle in Rosa, 10 mm Ø
- Acryl-Glanzlack in Schwarz, Weiß, Rot

Band

- Perlgarn Nr. 5 in Orange 304, Gelb 302, Rot 47

Vorlage J, K

Siehe auch Tipp Seite 20 und 30.

Püppchen

1 Je zwei 60 cm lange Fäden pro Farbe abschneiden, eine Schlinge bilden, verdrehen und ca. 5 cm weit durch die Perle schieben. Die Schlingen fixieren und den Körper nach der Vorlage im Grundmuster knüpfen. Die Knoten, die das Herz ergeben, sind eingerahmt! Die Fäden am Ende teilen, mit beiden Fadenbündeln je eine Schlinge legen und als Fuß festziehen; Überstände abschneiden.

2 Für jeden Arm zwei 20 cm lange rote oder violette Fäden am Körperrand in der Mitte einhängen, mit je einem rechts geknüpften Knoten befestigen und den Arm nach Vorlage fertigen; dazu das Püppchen quer fixieren. Zum Schluss jeweils mit allen Fäden eine Schlinge legen und festziehen. Das Gesicht aufmalen. Alle Schlingen bis auf eine über dem Kopf als Haare kürzen und auffächern.

Für das *Freundschaftsband* fünf 1,80 m lange Fäden (2x Orange, 2x Gelb, 1x Rot) und einen 1,90 m langen Faden in Rot in der Mitte fixieren. Mit dem längeren roten Faden 16 Schlingen nach rechts über die fünf Fäden legen. Das umknotete Stück zur Schlaufe biegen, fixieren und mit einer Schlinge um alle elf Fäden zusammenbinden. Die Fäden ordnen und das Band nach dem Knüpfplan (Grundmuster) erstellen. Die Knoten für das Herz sind im Plan eingerahmt! Mit zwei Kordeln abschließen.

Zwillingsbänder

Material

- Perlgarn Nr. 5 in Blau 133, Grün 189, Hellbraun 337, Braun 341, Schwarz 403

Vorlage L

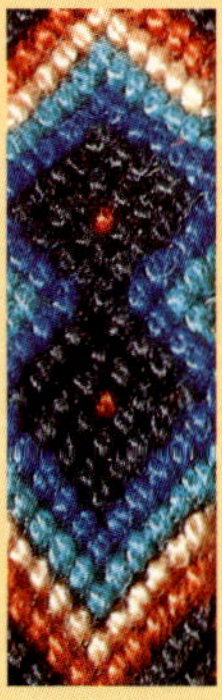

1 Diese Bänder sind nach dem gleichen Knüpfplan in den gleichen Farben geknotet, die jedoch unterschiedlich angeordnet sind. Die Farbangaben über dem Knüpfplan gehören zu dem Band mit den zwei schwarzen Rauten in der Mitte. Die Fäden des Bandes mit den beiden braunen Rauten folgendermaßen anordnen: 2-mal Schwarz, Blau, Grün, Hellbraun, 2-mal Braun, Hellbraun, Grün, Blau, 2-mal Schwarz.

2 Die 1 m langen Fäden in der Mitte zur Schlaufe legen, ordnen und fixieren. Im Pfeilspitz-Muster nach Knüpfplan arbeiten. Alle Reihen, die jeweils von außen zur Mitte hin abwärts führen, von außen nach innen knüpfen. Erkennbar sind diese Reihen an den nach innen gerichteten Pfeilen über den Knüpfzeilen. Zeigen die Pfeile nach außen, die Knoten immer von innen nach außen legen. Die Reihen verlaufen dann zum Rand hin schräg abwärts. Die Bänder mit je zwei Kordeln abschließen.

Tipp

Um bei den Püppchen die Haarpracht zu vergrößeren oder die Perle noch fester zu ziehen, zwei kurze Fäden um die Schlaufen knoten und die Knoten in die Perle ziehen bzw. stopfen.

Kapuzen-Püppchen

Material

Püppchen

- Perlgarn Nr. 5 in Schwarz 403, Blau 132, Blaugrün 189, Smaragd 187, Kupfer 339, Gold 307, Gelb 290
- Holzperle in Hellbraun, 8 mm Ø
- Acryl-Glanzlack in Schwarz, Weiß

Band

- Perlgarn wie oben

Vorlagen M, N

Das Püppchen mit Haaren mit allen Farben plus einem blauen Faden arbeiten. Mit allen Fäden in der Mitte eine Schlaufe legen, diese durch die Perle schieben und nach Plan knüpfen (s. Punkt 2 und 3). Alle Fäden bis auf eine Schlinge als Haare kürzen.

Siehe auch Tipp Seite 20 und 30.

Kapuzen-Püppchen

1 Pro Farbe einen Faden (80 cm) mittig fixieren, die Kapuze (Grundmuster) knüpfen und mit einem blauen Faden (30 cm) an der blauen Seite zusammennähen (s. Skizze 1). Mit den gleich langen Endstücken vier rechts geknüpfte Knoten legen, mit beiden Fäden eine Schlinge legen und festziehen. In der Mitte der gelben Seite einen 80 cm langen blauen Faden durch den Rand ziehen. Die Enden durch die Perle führen (s. Skizze 2) und mit einem blauen Faden zwei Schlingen über alle Fäden legen und diese dicht an den Kopf anschließen (s. Skizze 3).

2 Drei Zeilen (Pfeilspitze) knüpfen. Bei den nächsten zwei Zeilen jeweils mit beiden blauen Fäden einen rechts-links (s. Skizze 4) bzw. links-rechts geknüpften Knoten über den schwarzen Faden legen, dann mit dem dritten und vierten Faden den zweiten Knoten legen usw. Die blauen Fäden jeweils zur Seite legen. Körper und Beine fertig stellen, je eine Schlinge legen und festziehen.

3 Jeden Arm mit einem zusätzlichen blauen Faden (s. Skizze 5) knüpfen, dann mit beiden Fäden eine Schlinge legen und festziehen. Gesicht aufmalen. Zwei schwarze Fäden als Haare durch den Mützenrand ziehen und auffächern.

Für das *Band* sechs 1,80 m lange Fäden (Farben s. Vorlage) und einen 2,40 m langen schwarzen Faden in der Mitte fixieren und in Schwarz 18 Schlingen nach rechts über alle Fäden legen, als Schlaufe festkleben und eine Schlinge über alle Fäden legen. Im Pfeilspitzen-Muster knüpfen und mit zwei Kordeln abschließen.

Rauten-Bänder

Material

Schmales Band

- Perlgarn Nr. 5 in Smaragd 187, Violett 102, Dunkelblau 149, Lila 98, Blaugrün 189

Breites Band

- Perlgarn Nr. 5 in Schwarz 403, Violett 101, Lila 96, Blau 149, Hellblau 131, Blaugrün 189, Smaragd 187, Kupfer 309, Gold 307

Vorlagen 0, P

Schmales Band

1 Die 90 cm langen Fäden in der Mitte in der angegebenen Reihenfolge fixieren und Pfeilspitzen nach dem Knüpfplan (erstes Kästchen) knüpfen.

2 Das Band um 180 Grad drehen, erneut fixieren und den Mittelteil mit den beiden violettfarbenen Rauten (zweites Kästchen) knüpfen.

3 Nach dem Mittelteil haben die Farben wieder ihre Ausgangsstellung. Das Band wie beim ersten Teilstück zu Ende knüpfen und auf beiden Seiten mit zwei Kordeln abschließen.

Breites Band

1 Die zwanzig 1,20 m langen Fäden ordnen und in der Mitte fixieren. Anschließend nach dem Knüpfplan bis „Ende" arbeiten.

2 Das Band um 180 Grad drehen und die große Raute (Mitte) nach Plan knüpfen. Anschließend wieder von vorne im Knüpfplan beginnen (ab *) und wie beim ersten Teilstück bis „Ende" arbeiten.

Tipp

Das schmale Band kann wirkungsvoll verändert werden, indem eine etwa 2 cm lange Tonperle in einer passenden Farbe mittig auf das Band geschoben wird.

Schriftbänder

Material

I need you

- Perlgarn Nr. 5 in Schwarz 403, Gold 309, Goldgelb 313

I love you

- Perlgarn Nr. 5 in Schwarz 403, Rot 46, Hellrot 325, Rotorange 332

Vorlagen Q, R

Hinweis

Wenn das rote Herz nicht durch rote Knoten „unterstrichen“ sein soll, die Reihenfolge der ersten drei Fäden verändern: schwarz, schwarz, rot. Nach Belieben die ersten beiden Knoten schwarz-rot oder schwarz-schwarz legen.

I need you

1 Die 1 m langen Fäden am Rand fixieren. Für den geraden Anfang einen schwarzen Knoten (links-rechts) mit den letzten beiden Fäden knüpfen. Für die zweite, schräge Reihe mit den letzten vier Fäden drei Knoten knüpfen: schwarz (links-rechts), gold (links-rechts), schwarz (links-rechts). Weiterarbeiten nach Vorlage.

2 Der erste, zweite und der letzte Knoten jeder vollständigen Reihe sind gleich: Der erste ist schwarz (rechts-links geknüpft), der zweite goldfarben (rechts 2x geknüpft) und der 15. Knoten schwarz (links-rechts geknüpft). Die wechselnden Farben der weiteren Knoten der Vorlage entnehmen. Ab Mitte des Bandes wird die Hintergrundfarbe zur Schriftfarbe. Das goldfarbene „you“ ist mit goldfarbenen Knoten „unterstrichen“. Das Band mit je zwei Kordeln abschließen.

I love you

1 Die 1 m langen Fäden ordnen und am Rand fixieren. Für den geraden Anfang mit den letzten beiden Fäden einen links rechts geknüpften, schwarzen Knoten legen.

2 Der erste, zweite und letzte Knoten jeder vollständigen Reihe sind gleich: der erste ist schwarz (rechts-links geknüpft), der zweite rot (rechts geknüpft) und der 15. Knoten schwarz (links-rechts geknüpft). Alle anderen Knoten wechseln die Farbe (s. Vorlage). Das Band mit zwei Kordeln abschließen.

Kinder aus aller Welt

Material

- Perlgarn Nr. 5 in Dunkelgrau 236, Dunkelgrün 923, Türkis 189, Smaragd 187, Maigrün 225, Gold 307, Kupfer 309, Braun 351, Gelb 305, Schwarz 403, Rot 47, Gelbgrün 279, Hellblau 433, Blau 410, Hautfarben 881
- Holzperlen in Gelb, Natur, Orange, Dunkelbraun, 8 mm Ø
- Acryl-Glanzlack in Weiß, Rosa, Schwarz

Vorlagen S, T1 – T5

Hinweis

Beim Band darf sich die Reihenfolge der Fäden nicht ändern! Zur Orientierung sind alle farbigen (nicht dunkelgrauen) Knoten auf der Vorlage eingerahmt.

Siehe auch Tipp Seite 20 und 30.

Püppchen

1 Fünf 40 cm lange Fäden in der Mitte zu einer Schlaufe legen und 4 cm weit durch die Perle schieben. Knapp über dem Kopf mit einem Doppelfaden einen Knoten über alle Fäden legen. Diesen in die Holzperle ziehen. Die Schlaufen fixieren. Den Körper im Pfeilspitzen-Muster knüpfen: Mit den äußeren Fäden einen Knoten über die zusammengefassten zweiten und dritten sowie die vierten und fünften Fäden zur Mitte legen, anschließend miteinander verknoten. Drei ganze Pfeilspitzen knüpfen, die vierte ohne Spitze. Die unterschiedlichen Muster ergeben sich durch verschiedene Knotenarten.

2 Mit je fünf Fäden einen Knoten legen (= Füße). Die Schlaufen oben unterschiedlich kürzen und auffächern. Für die Anhänger-Püppchen eine Schlaufe stehen lassen. Das Gesicht aufmalen.

3 Für die Arme je einen langen hautfarbenen Faden mittig durch einen Knoten im Band oder im Körper ziehen und vier rechts geknüpfte Knoten (= Arm) arbeiten. Einen Faden vor, einen Faden hinter dem Kopf vorbeiführen und den zweiten Arm knüpfen. Die beiden Fäden am Band verknoten und die Arme des zweiten Püppchens knüpfen. Das *Band* mit sechzehn 1 m langen Fäden im Grundmuster knüpfen. Die erste Reihe besteht nur aus einem Knoten, der mit den letzten beiden Fäden gelegt wird. Jede weitere Reihe wird um zwei Knoten erweitert (= gerader Anfang). Nach Vorlage weiterarbeiten. Mit zwei Kordeln abschließen.

NORWAY
FINLAND
SWEDEN
Stockholm
Oslo
Trondheim
Helsinki
St Petersburg
Moscow
Nizhniy Novgorod
Kola Peninsula
White Sea
Arkha
Onega
Tallinn
ESTONIA
LATVIA
Riga
LITHUANIA
Vilnius
Minsk
BELARUS
Hamburg
Berlin
POLAND
Warsaw
GERMANY
Munich
Prague
Vienna
AUSTRIA
Budapest
HUNGARY
Kiev
UKRAINE
Dnepropetrovsk
Kursk
Tula
ITALY
Rome
Naples
Barcelona
Sardinia
Cagliari
Palermo
Messina
Valletta
MALTA
TUNISIA
Nice
Corsica
ALBANIA
Tirana
Bangalore
Mangalore
Coimbatore
Trivandrum
Colombo
MALDIVES
Male
Chagos
Andaman Islands (INDIA)
Nicobar Islands (INDIA)
Bengal
Luanda
ANGOLA
Lobito
Benguela
Lubango
Huambo
Malanje
ZAMBIA
Lusaka
Mongu
Livingstone
Harare
ZIMBABWE
Bulawayo
Gweru
NAMIBIA
BOTSWANA
MOZAMBIQUE
Beira
Tsumeb
Swakopmund
Walvis Bay
Windhoek
Serowe
Gaborone
Pretoria
Johannesburg
Germiston
Maputo
SWAZILAND
Mbabane
Keetmanshoop
Lüderitz
Upington
Kimberley
Pietermaritzburg
Durban
Port Nolloth
SOUTH AFRICA
LESOTHO
Queenstown
Cape Town
Port Elizabeth
East London
Blantyre
Quelimane
Lake Malawi

Band in Gelb-Grün-Rot

Material

- Perlgarn Nr. 5 in Schwarz 403, Dunkelrot 44, Rot 335, Orange 304, Gelb 290, Maigrün 254

Vorlage U

1 Das Band in Pfeilspitzen-Muster knüpfen. Je zwei 1 m lange Fäden in Schwarz, Dunkelrot, Rot, Orange, Gelb und Maigrün nach Vorlage ordnen und in der Mitte mit Klebeband fixieren.

2 Wenn die Pfeile jeweils zur Mitte zeigen, von außen nach innen knüpfen; die geknüpften Reihen verlaufen vom Rand zur Mitte schräg abwärts. Zeigen die Pfeile nach außen, immer von innen nach außen knüpfen. Die Reihen werden ebenfalls schräg, allerdings zum Rand hin abfallend. Knüpfrichtung und Art der Knoten genau beachten!

3 Beim Kasten auf der Vorlage angekommen, das Band um 180 Grad drehen und erneut fixieren. Die Raute in der Mitte knüpfen und das Band, wie bei der ersten Hälfte, zu Ende knüpfen. Mit zwei Kordeln abschließen.

Tipp

Bei dem Püppchen gehen die Fäden besser durch die Perle, wenn sie um einen festen Strang verdreht und beim Schieben gedreht werden. Oder die Fadenenden mit Kleber bestreichen, zwischen den Fingern dünn ausrollen, trocknen lassen und dann durchschieben.

Impressum

ISBN 3-419-56517-8

Lektorat:
Irmgard Böhler, Freiburg

Styling und Fotos:
Roland Krieg, Waldkirch

Layoutentwurf:
Network!, München

Coverrealisierung:
Carsten Schorn, Freiburg

Produktion:
smp, Freiburg

Satz:
Gisa Bonfig, Freiburg

Druck:
Freiburger Graphische Betriebe

Wir sind für Sie da, wenn Sie Fragen haben.
Und wir interessieren uns für Ihre eigenen Ideen und Anregungen.
Schreiben Sie uns, wir hören gern von Ihnen!
Ihr Christophorus-Team

Christophorus-Verlag GmbH
Hermann-Herder-Str. 4
79104 Freiburg
Tel.: 0761/2717-0
Fax: 0761/2717-352
e-mail:
info@christophorus-verlag.de

www.christophorus-verlag.de

Weitere Titel aus dieser Reihe

3-419-56358-2

3-419-56425-2

3-419-56359-0

3-419-56297-7

3-419-56403-1

3-419-56422-8